AF175790

Impressum
Verlag: BABADADA GmbH, Nedderfeld 112 , 22529 Hamburg
Geschäftsführer / Verlagsleitung: Harald Hof
Druck: Books on Demand GmbH, In de Tarpen 42, 22848 Norderstedt

Imprint
Publisher: BABADADA GmbH, Nedderfeld 112 , 22529 Hamburg, Germany
Managing Director / Publishing direction: Harald Hof
Print: Books on Demand GmbH, In de Tarpen 42, 22848 Norderstedt

school

мактаб

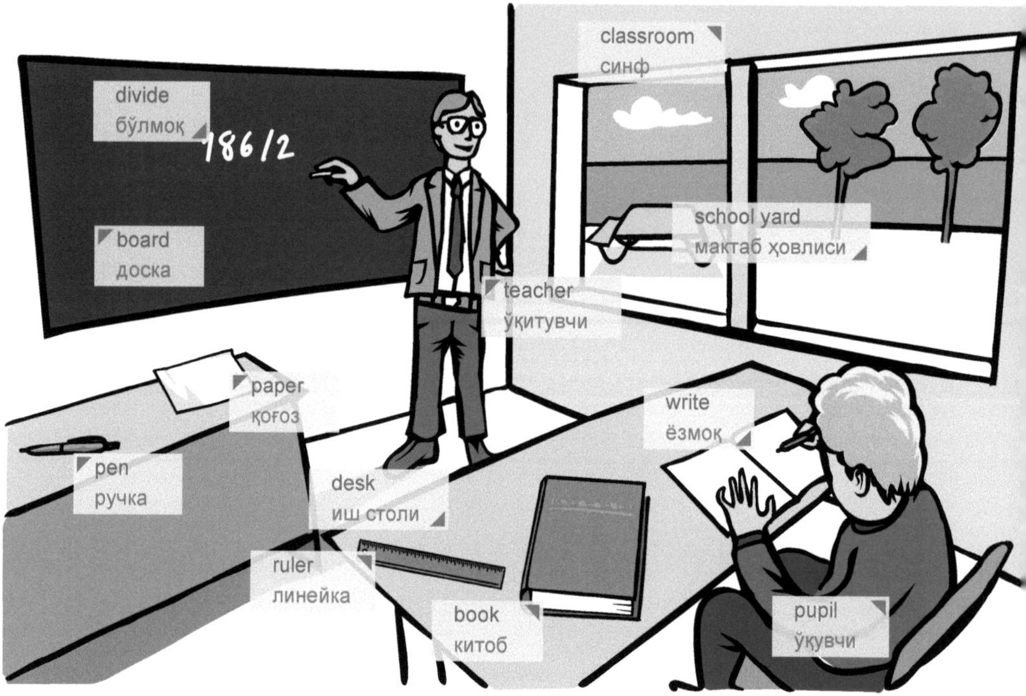
classroom
синф
divide
бўлмоқ
186/2
board
доска
teacher
ўқитувчи
school yard
мактаб ҳовлиси
paper
қоғоз
write
ёзмоқ
pen
ручка
desk
иш столи
ruler
линейка
book
китоб
pupil
ўқувчи

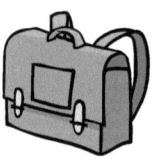

satchel
осма сумка

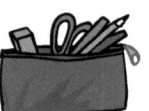

pencil case
қаламдон

pencil
қалам

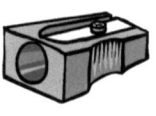

pencil sharpener
қалам учлагич

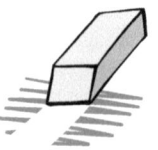

rubber
ўчиргич

drawing pad
расм албоми

drawing

чизмачилик

paintbrush

бўёқ чўтка

paint box

бўёқдон

scissors

қайчи

glue

елим

exercise book

машғулот дафтари

homework

уй иши

number

рақам

add

қўшмоқ

subtract

айирмоқ

multiply

кўпайтирмоқ

calculate

ҳисобламоқ

letter

хат

alphabet

алифбо

word

сўз

text

матн

read

ўқимоқ

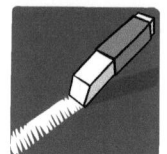

chalk

бўр

lesson

дарс

register

журнал

examination

имтиҳон

certificate

гувоҳнома

school uniform

мактаб формаси

education

таълим

encyclopedia

қомус

university

олийгоҳ

microscope

микроскоп

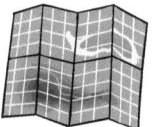

map

харита

waste-paper basket

урна

travel

саёҳат

hotel
меҳмонхона
Grand
hostel
сайёҳлар ётоқхонаси
currency exchange office
пул айирбошлаш шаҳобчаси
EXCHANGE
suitcase
чемодан
car
машина

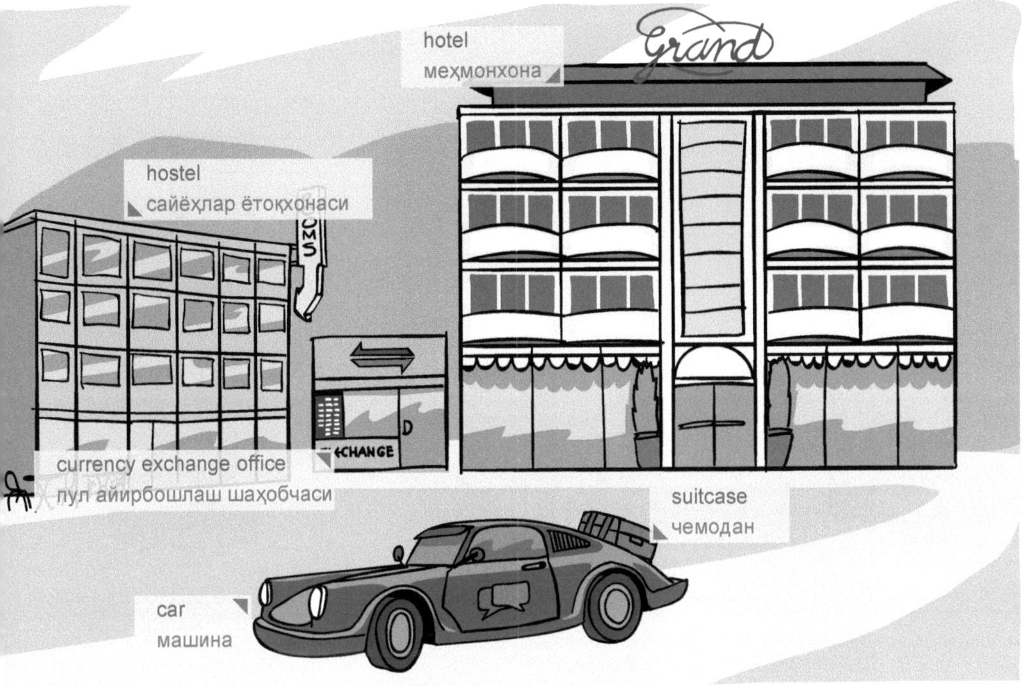

language
тил

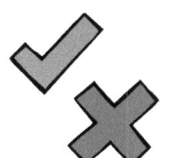

yes / no
ҳа / йўқ

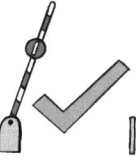

Okay
Хўп

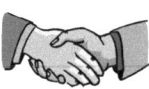

hello
салом

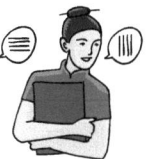

translator
таржимон

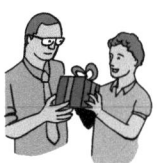

Thank you
Раҳмат

how much is...?

неча пул...?

I don´t get it

Тушунмадим

problem

муаммо

Good evening!

Хайрли кеч!

Good morning!

Хайрли тонг!

Good night!

Хайрли тун!

goodbye

кўришгунча

direction

йўналиш

luggage

йўловчи юки

bag

сафархалта

backpack

юк халта

guest

меҳмон

room

хона

sleeping bag

уйқуқоп

tent

чодир

tourist information

саёҳларга маълумот
бериш столи

beach

пляж

credit card

омонат карта

breakfast

нонушта

lunch

нонушта

dinner

кечки овқат

Ticket

чипта

elevator

лифт

stamp

марка

border

чегара

customs

божхона

embassy

элчихона

visa

виза

passport

паспорт

transport
транспорт

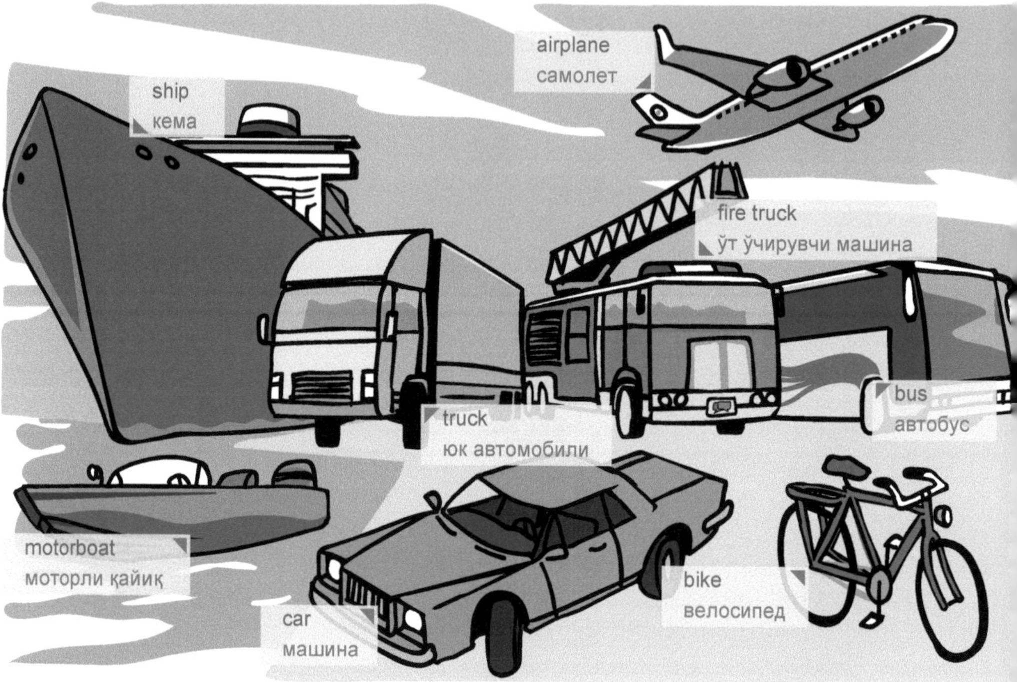

airplane
самолет
ship
кема
fire truck
ўт ўчирувчи машина
bus
автобус
truck
юк автомобили
motorboat
моторли қайиқ
bike
велосипед
car
машина

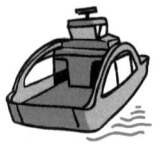

ferry
солсимон ясси кема

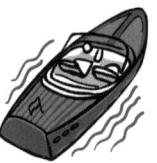

boat
қайиқ

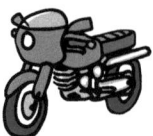

motorbike
мотоцикл

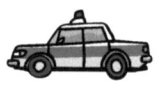

police car
посбон машинаси

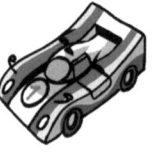

racing car
пойга машинаси

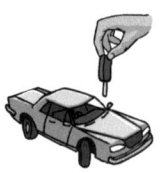

rental car
ижарага олинган автоулов

car sharing

автоижара

tow truck

шатакка олувчи юк
автомобили

garbage truck

ахлат машинаси

engine

мотор

fuel

ёқилғи

fuel station

ёқилғи куйиш шаҳобчаси

traffic sign

йўл белгиси

traffic

йўл ҳаракати

traffic jam

тирбанд

parking lot

автомобил тўхтаб туриш
жойи

train station

поезд бекати

tracks

рельс

train

поезд

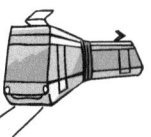

tram

трамвай

wagon

вагон

helicopter

вертолёт

airport

аэропорт

tower

минора

passenger

йўловчи

container

контейнер

carton

қоғоз қути

cart

аравача

basket

сават

take off / land

учмоқ / қўнмоқ

city

шаҳар

village

қишлоқ

city center

шаҳар маркази

house

уй

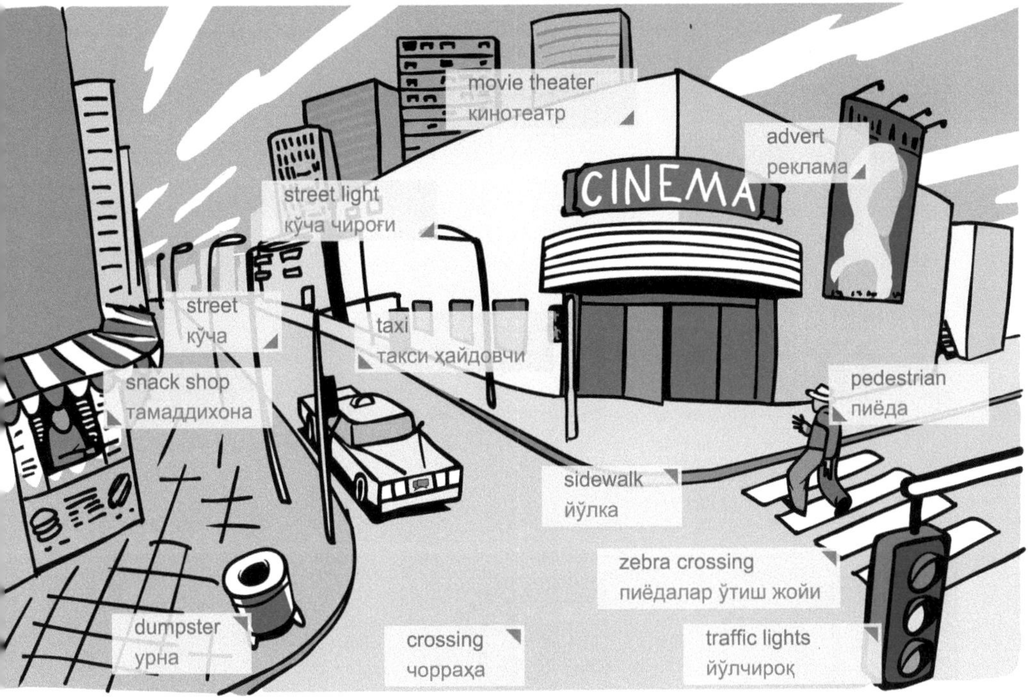

movie theater
кинотеатр

advert
реклама

street light
кўча чироғи

CINEMA

street
кўча

taxi
такси ҳайдовчи

snack shop
тамаддихона

pedestrian
пиёда

sidewalk
йўлка

zebra crossing
пиёдалар ўтиш жойи

dumpster
урна

crossing
чорраҳа

traffic lights
йўлчироқ

hut
кулба

apartment
квартира

train station
поезд бекати

city hall
маҳаллий ҳокимият
биноси

museum
музей

school
мактаб

university

олийгоҳ

bank

банк

hospital

шифохона

hotel

меҳмонхона

pharmacy

дорихона

office

идора

book shop

китоб дўкони

shop

дўкон

flower shop

гул дўкони

supermarket

супермаркет

market

бозор

department store

универмаг

fishmonger's shop

балиқ дўкони

mall

савдо маркази

harbor

бандаргоҳ

park
истироҳат боғи

bench
банк

bridge
кўприк

stairs
зинапоя

subway
метро

tunnel
ер ости йўли

bus stop
автобус бекати

bar
бар

restaurant
ресторан

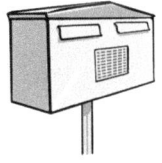

postbox
почта қутиси

street sign
кўча ёзув осма тахтаси

parking meter
тўхтаб туриш вақтини
ҳисоблагич

zoo
ҳайвонот боғи

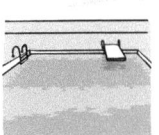

swimming pool
бассейн

mosque
масжид

farm

чорвачилик хўжалиги

pollution

атроф-муҳит
ифлосланиши

cemetery

қабристон

church

ибодатхона

playground

болалар ўйингоҳи

temple

эҳром

landscape

манзара

leaf
япроқ

signpost
йўлкўрсатгич

path
йўл

meadow
ўтлоқ

stone
тош

hiker
пиёда сайёҳ

tree
дарахт

river
дарё

grass
майса

flower
гул

valley

водий

hill

қир

lake

кўл

forest

ўрмон

desert

чўл

volcano

вулкан

castle

қалъа

rainbow

камалак

mushroom

кўзиқорин

palm tree

пальма дарахти

mosquito

пашша

fly

чивин

ant

чумоли

bee

асалари

spider

ўргимчак

beetle

қўнғиз

frog

қурбақа

squirrel

олмахон

hedgehog

типратикон

hare

қуён

owl

укки

bird

қуш

swan

оққуш

boar

эркак чўчқа

deer

буғу

moose

бутоқ шохли кийик

dam

тўғон

wind turbine

шамол генератори

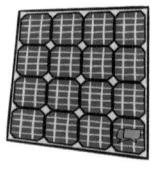

solar panel

қуёш батареяси

climate

иқлим

landscape - манзара

restaurant

ресторан

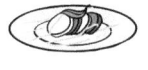

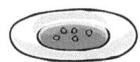

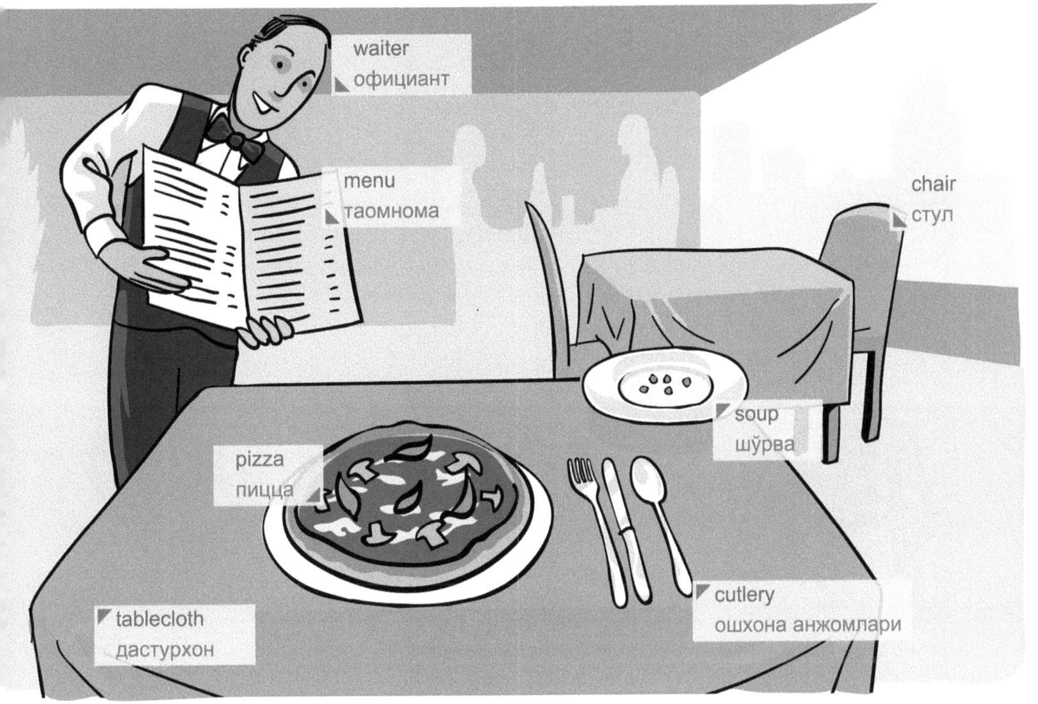

waiter
официант
menu
таомнома
chair
стул
soup
шўрва
pizza
пицца
tablecloth
дастурхон
cutlery
ошхона анжомлари

starter
газак

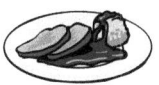

main course
асосий таом

dessert
десерт

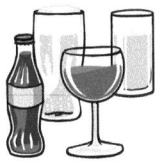

drinks
ичимликлар

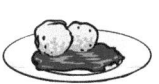

food
таом

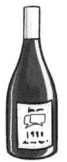

bottle
бутилка

fast food

тез пишар таом

street food

кўча таоми

teapot

чойнак

sugar bowl

шакардон

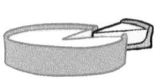

portion

порция

espresso machine

эспрессо кофе машинаси

high chair

болалар курсичаси

bill

ҳисоб

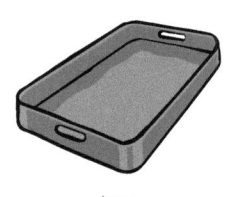

tray

лаган

knife

пичоқ

fork

санчқи

spoon

қошиқ

teaspoon

чой қошиқ

serviette

кўл сочиқ

glass

стакан

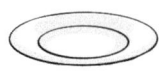

plate

ликоп

soup plate

шўрва коса

saucer

тақсимча

sauce

қайла

salt shaker

туздон

pepper mill

қалампир янчгич

vinegar

сирка

oil

ёғ

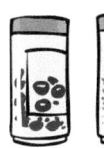

spices

зираворлар

ketchup

кетчуп

mustard

хантал

mayonnaise

майонез

supermarket
супермаркет

special offer
чегирма
FOR
customer
мижоз
dairy products
сут маҳсулотлари
fruit
мева
shopping cart
харид араваси

BUTCHERS

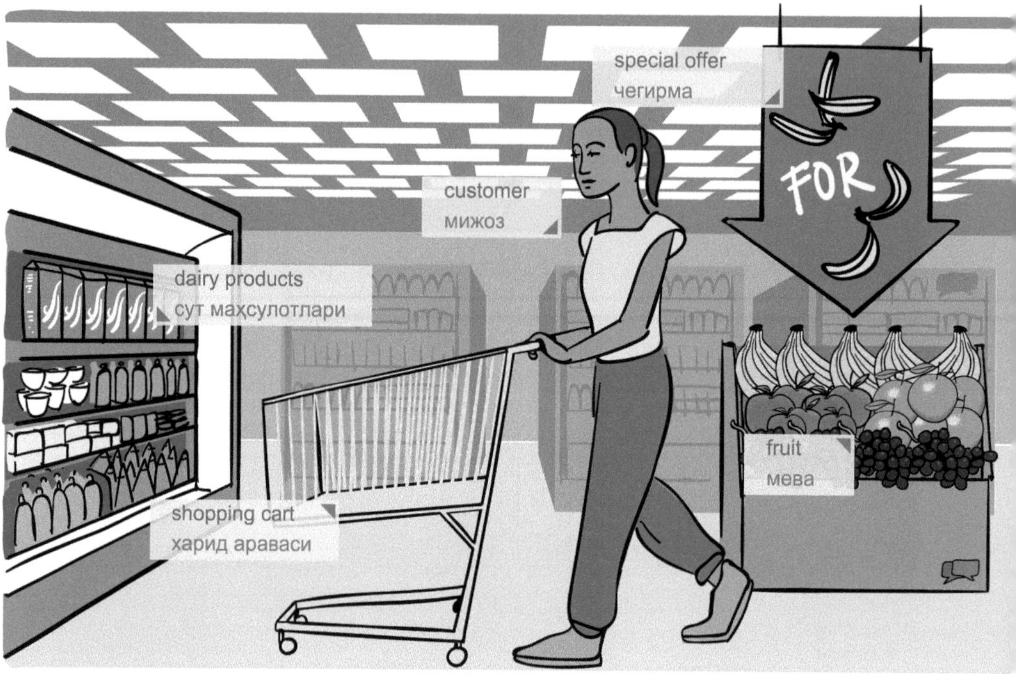

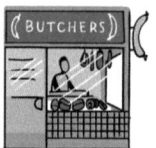

butcher's shop
қассобхона

BAKERY

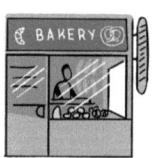

bakery
нонвойхона

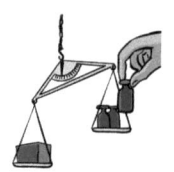

weigh
тарозида ўлчамоқ

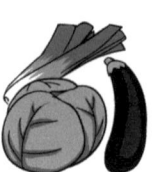

vegetables
сабзавот

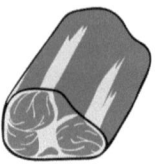

meat
гўшт

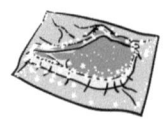

frozen food
музлатилган таомлар

cold cuts

яхна гўшт

canned food

консерва

detergent

кир ювиш воситаси

candy

ширинликлар

household products

кундалик истеъмол
моллар

cleaning products

ювиш воситалари

sales representative

сотувчи

cash register

касса аппарати

cashier

ғазначи

shopping list

харид рўйхати

opening hours

иш вақти

wallet

ҳамён

credit card

омонат карта

bag

халта

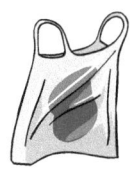

plastic bag

целлофан халта

supermarket - супермаркет

water

сув

juice

шарбат

milk

сут

coke

кока-кола

wine

вино

beer

пиво

alcohol

спиртли ичимлик

cocoa

какао

tea

чой

coffee

кофе

espresso

эспрессо

cappuccino

капучино

banana

банан

apple

олмахон

orange

апельсин

melon

қовун

lemon

лимон

carrot

сабзи

garlic

саримсоқ

bamboo

бамбук

onion

пиёз

mushroom

кўзиқорин

nuts

ёнғоқ

noodles

лағмон

spaghetti

спагетти

rice

гуруч

salad

салат

fries

картошка-фри

fried potatoes

қовурилган картошка

pizza

пицца

hamburger

гамбургер

sandwich

сэндвич

escalope

тўқмоқланган тўш қиймаси

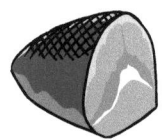

ham

дудланган чўчқа гўшти

salami

салями колбасаси

sausage

сосиска

chicken

товуқ гўшти

roast

қовурилган

fish

балиқ

porridge oats

сули бўтқаси

muesli

мюсли

cornflakes

маккажўхори ёрмаси

flour

ун

croissant

француз булочкаси

bread roll

булочка

bread

нон

toast

қизартирилган нон бўлаги

cookies

пишириқ

butter

сариёғ

curd

творог

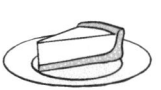

cake

пирог

egg

тухум

fried egg

қовурилган тухум

cheese

пишлоқ

ice cream

музқаймоқ

sugar

шакар

honey

асал

jelly

мураббо

nougat cream

шоколад пастаси

curry

зарчава

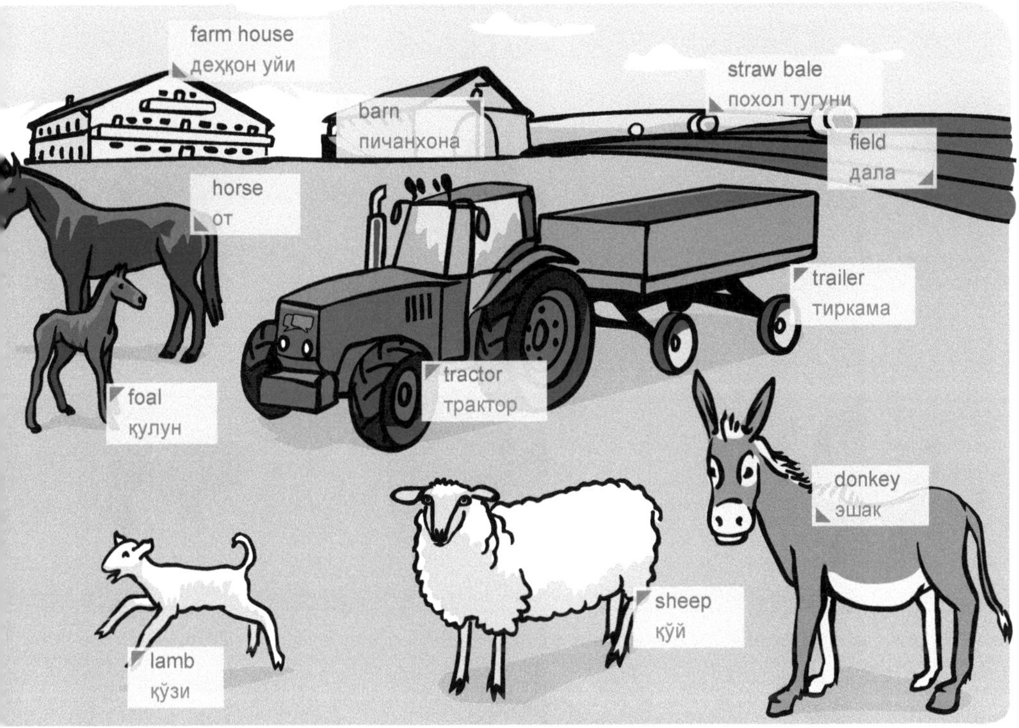

farm house
деҳқон уйи

barn
пичанхона

straw bale
похол тугуни

field
дала

horse
от

trailer
тиркама

tractor
трактор

foal
қулун

donkey
эшак

sheep
қўй

lamb
кўзи

goat

эчки

cow

сигир

calf

бузоқ

pig

чўчқа

piglet

чўчқа боласи

bull

буқа

goose

ғоз

duck

ўрдак

chick

жўжа

hen

товуқ

cockerel

хўроз

rat

каламуш

cat

мушук

mouse

сичқон

ox

ҳўкиз

dog

ит

dog house

каталак

garden hose

ҳовли боғ шланги

watering can

гулчелак

scythe

белўроқ

plow

темир омоч

sickle

қўлўроқ

hoe

чопқи

pitchfork

паншаха

axe

болта

pushcart

ғалтакарава

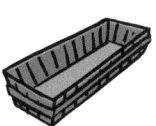

trough

охур

milk can

сут бидони

sack

тўрва

fence

панжара

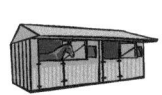

stable

оғилхона

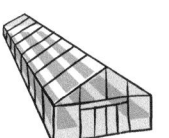

greenhouse

иссиқхона

soil

тупроқ

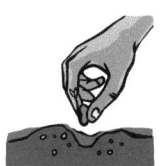

seed

уруғ

fertilizer

ўғит

combine harvester

комбайн

harvest

ҳосил олмоқ

harvest

йиғим-терим

yams

ямс

wheat

буғдой

soya

соя

potato

картошка

corn

маккажўхори

rapeseed

рапс уруғи

fruit tree

мевали дарахт

manioc

маниок

grain

ёрма

farm - чорвачилик хўжалиги

house
уй

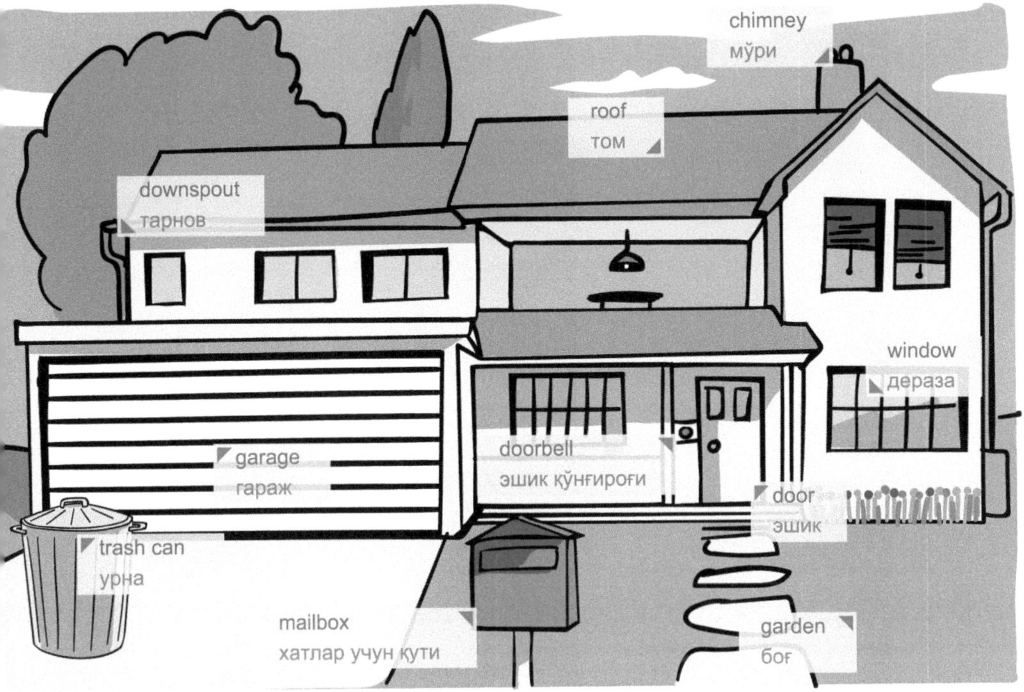

chimney
мўри
roof
том
downspout
тарнов
window
дераза
garage
гараж
doorbell
эшик қўнғироғи
door
эшик
trash can
урна
mailbox
хатлар учун қути
garden
боғ

living room
мехмонхона

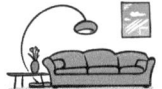

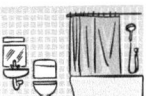

bathroom
ваннахона

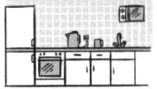

kitchen
ошхона

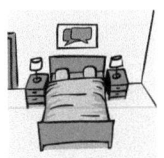

bedroom
ётоқхона

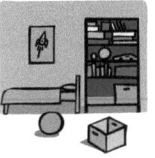

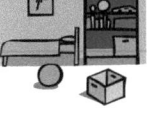

kids room
болалар хонаси

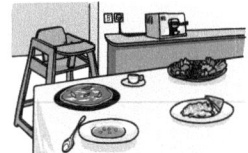

dining room
ошхона

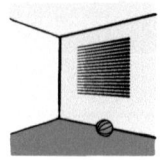

floor

пол

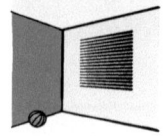

wall

девор

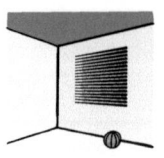

ceiling

шип

cellar

подвал

sauna

сауна

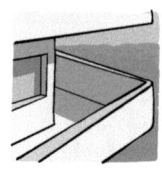

balcony

болохона айвони

terrace

айвон

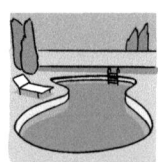

pool

бассейн

lawn mower

ўт ўргич машина

sheet

кўрпажилд

bedspread

чойшаб

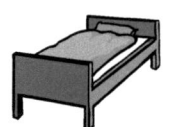

bed

кроват

broom

супурги

bucket

пақир

switch

мурват

living room

меҳмонхона

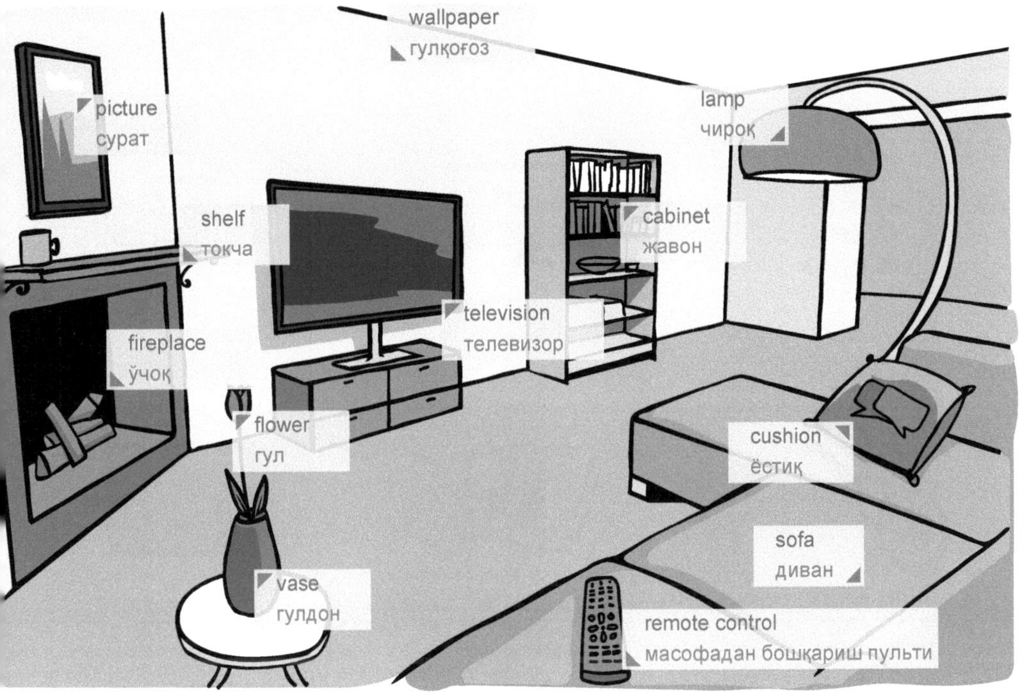
wallpaper
гулқоғоз
picture
сурат
lamp
чироқ
shelf
токча
cabinet
жавон
television
телевизор
fireplace
ўчоқ
flower
гул
cushion
ёстиқ
sofa
диван
vase
гулдон
remote control
масофадан бошқариш пульти

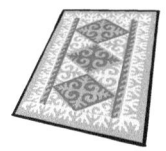

carpet

гилам

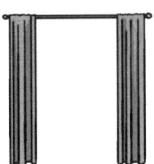

drape

парда

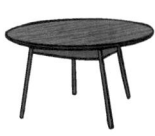

table

стол

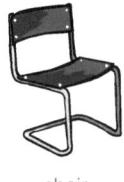

chair

стул

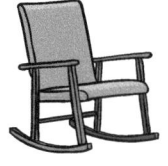

rocking chair

тебранма курси

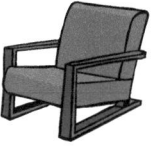

armchair

кресло

book

китоб

blanket

кўрпа

decoration

ҳашам

firewood

ўтин

film

кино

stereo system

стерео қурилма

key

калит

newspaper

рўзнома

painting

расм

poster

плакат

radio

радио

notebook

ён дафтар

vacuum cleaner

чанг ютгич

cactus

кактус

candle

шам

living room - меҳмонхона

kitchen
ошхона

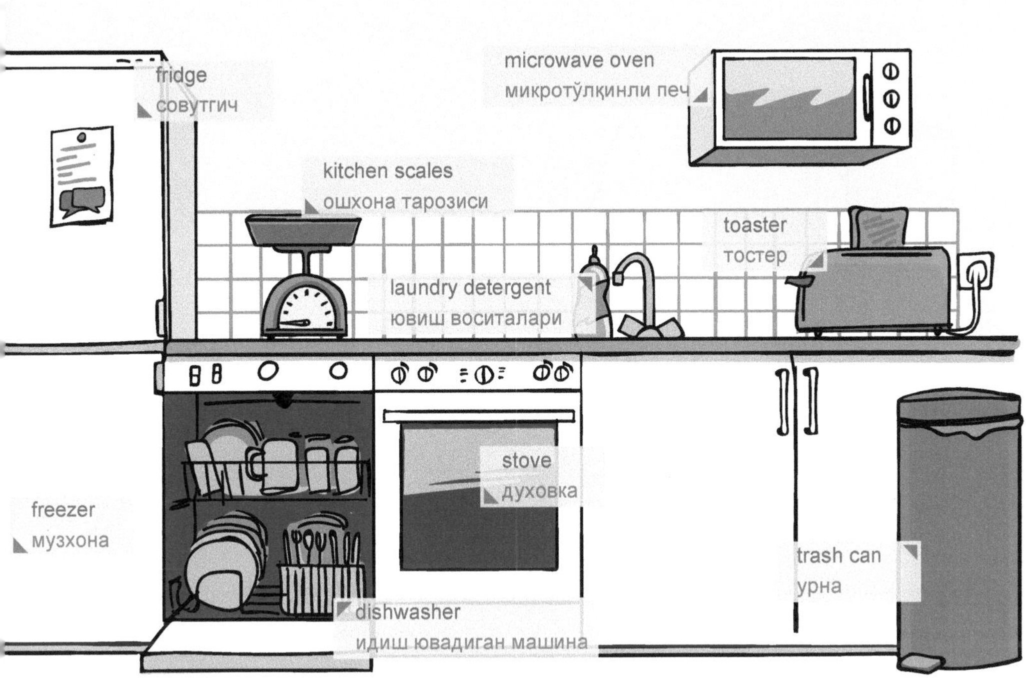

fridge
совутгич
microwave oven
микротўлқинли печ
kitchen scales
ошхона тарозиси
toaster
тостер
laundry detergent
ювиш воситалари
stove
духовка
freezer
музхона
trash can
урна
dishwasher
идиш ювадиган машина

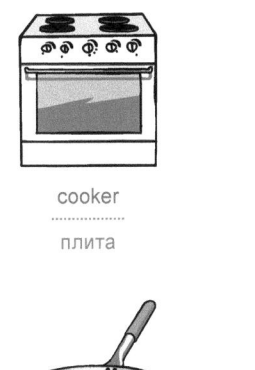

cooker

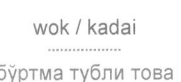

плита

pot

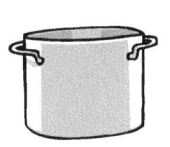

кастрюль

cast-iron pot

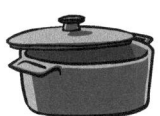

чўян қозон

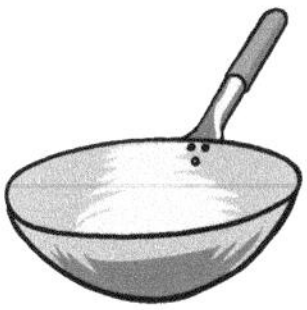

wok / kadai

бўртма тубли това

pan

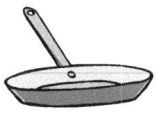

това

kettle

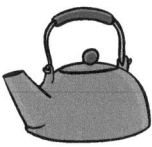

човгун

steamer

мантиқасқон

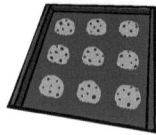

baking tray

тунука това

crockery

идиш

mug

кружка

bowl

коса

chopsticks

таом ейиш таёқчалари

ladle

чўмич

spatula

куракча

whisk

кўпиртиргич

strainer

элак

sieve

элак

grater

қирғич

mortar

ҳовонча

barbecue

гриль

fireplace

олов

chopping board
оштахта

rolling pin
жува

corkscrew
пармасимон тиқин очгич

can
консерва

can opener
консерва очгич

oven cloth
тутгич

sink
унитаз

brush
идиш чўтка

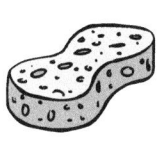

sponge
қозонсочиқ

blender
қориштиргич

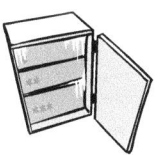

deep freezer
музлатгич

baby bottle
сўрғичли чақалоқ
бутилкаси

tap
кран

bathroom
ваннахона

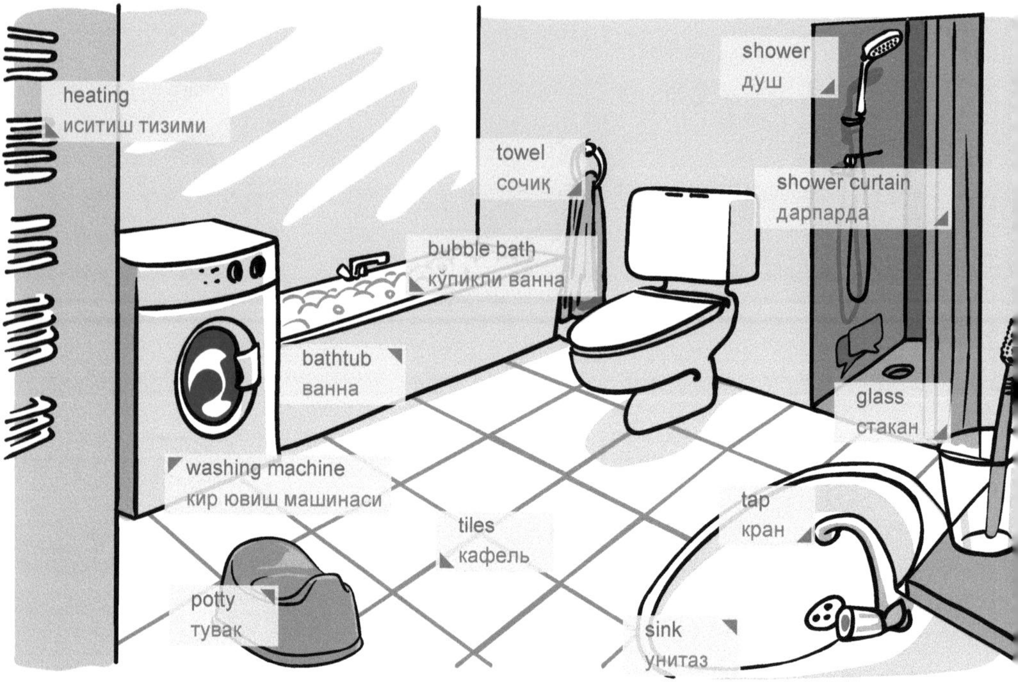

heating
иситиш тизими
towel
сочиқ
shower
душ
shower curtain
дарпарда
bubble bath
кўпикли ванна
bathtub
ванна
glass
стакан
washing machine
кир ювиш машинаси
tap
кран
tiles
кафель
potty
тувак
sink
унитаз

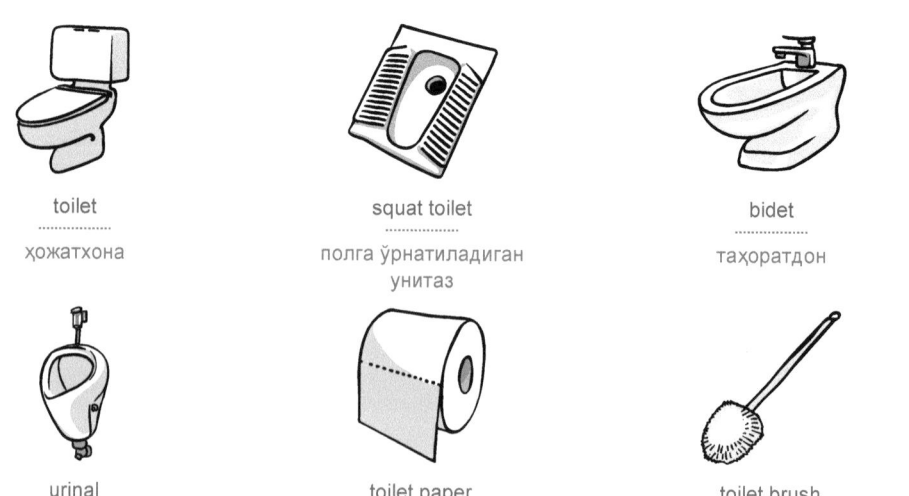

toilet

ҳожатхона

squat toilet

полга ўрнатиладиган унитаз

bidet

таҳоратдон

urinal

сийдик унитази

toilet paper

ҳожатхона қоғози

toilet brush

ҳожатхона чўткаси

toothbrush

тиш чўтка

toothpaste

тиш пастаси

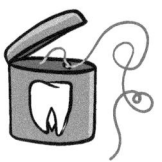

dental floss

тиш тозалагич ип

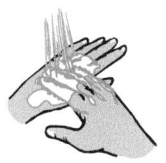

wash

ювмоқ

hand shower

дастакли душ

douche

таҳорат учун душ

basin

тоғора

back brush

елка қашлайдиган чўтка

soap

совун

shower gel

душ учун гель

shampoo

шампунь

flannel

мочалка

drain

қувур

creme

крем

deodorant

дезодарант

mirror

кўзгу

hand mirror

қўл кўзгуси

razor

устара

shaving foam

устара учун кўпик

aftershave

салқинлантирувчи
бальзам

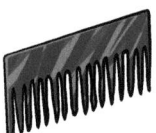

comb

тароқ

brush

чўтка

hair-dryer

фен

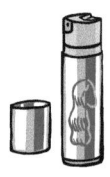

hairspray

соч учун лак

makeup

пардоз-андоз

lipstick

лаб учун помада

nail varnish

тирноқ лаки

cotton wool

пахта

nail scissors

тирноқ қайчиси

perfume

духи

washbag

пардоз-андоз халтаси

stool

курси

weighing scales

тарози

bathrobe

чўмилиш халати

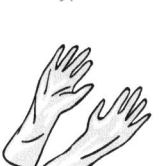

rubber gloves

резина қўлқоп

tampon

тампон

sanitary towel

гигиеник таглик

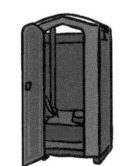

chemical toilet

биоҳожатхона

kids room
болалар хонаси

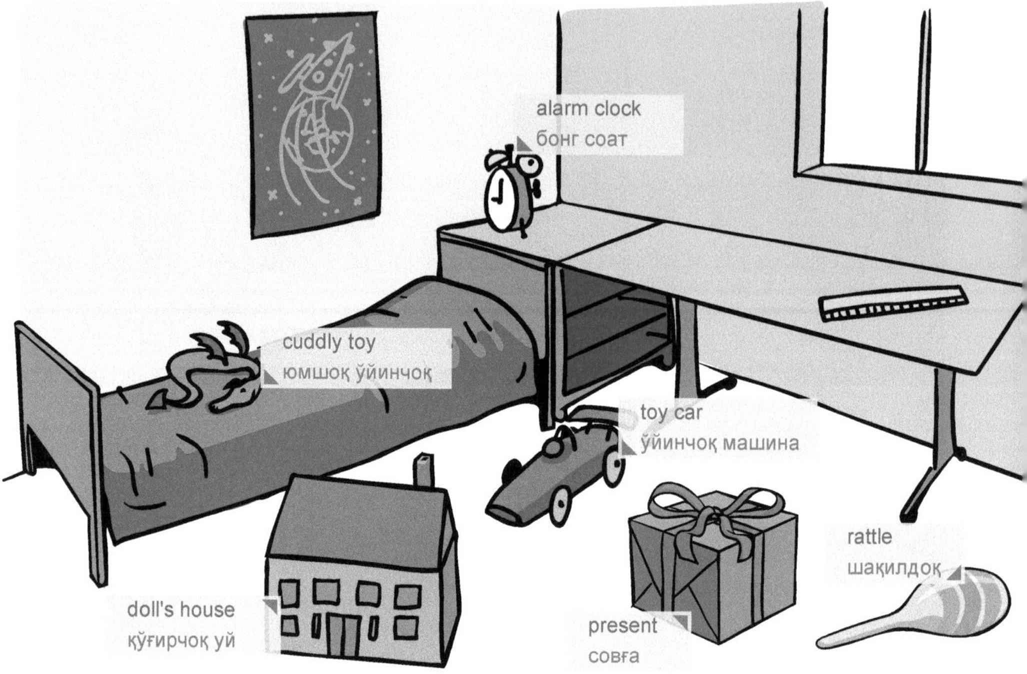
alarm clock
бонг соат
cuddly toy
юмшоқ ўйинчоқ
toy car
ўйинчоқ машина
rattle
шақилдоқ
doll's house
қўғирчоқ уй
present
совға

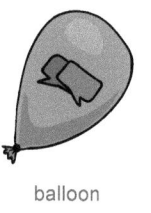

balloon

шар

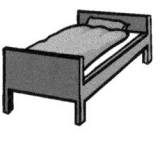

bed

кроват

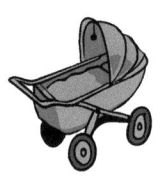

stroller

болалар аравачаси

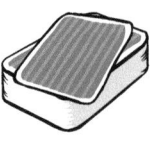

deck of cards

карта тўплами

jigsaw

терма тасвир

SUPER
MEGA

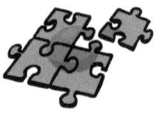

comic

кулгили саҳна асари

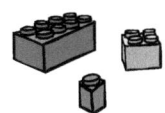

lego bricks

лего ғиштлари

toy blocks

ўйинчоқ кубиклар

action figure

ўйинчоқ қаҳрамон

romper suit

ползунка

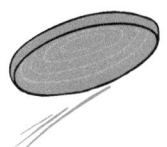

frisbee

учар ликопча

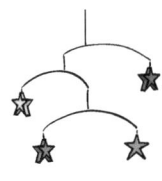

mobile

осма шақилдоқ

board game

стол ўйини

dice

ошиқ

model train set

поезд макети

pacifier

сўрғич

party

ўтириш

picture book

расмли китоб

ball

копток

doll

қўғирчоқ

play

ўйнамоқ

sandpit

қумдон

swing

арғимчоқ

toys

ўйинчоқлар

video game console

ўйин приставкаси

tricycle

уч ғилдиракли велосипед

teddy bear

бахмал айиқ

wardrobe

кийим шкафи

clothing

кийим

socks

пайпоқ

stockings

чулки

tights

колготка

scarf
шарф

belt
камар

umbrella
соябон

t-shirt
футболка

boots
ботинка

sneakers
кроссовка

slippers
тапочка

sandals
шиппак

shoes
туфли

rubber boots
резина этик

underwear
тор турсик

bra
кўкракпеч

undershirt
майка

clothing - кийим

body

боди

pants

иштон

jeans

жинси

skirt

юбка

blouse

кофта

shirt

кўйлак

pullover

жемпер

sweater

узун чакмон

blazer

спорт бичимидаги пиджак

jacket

куртка

coat

пальто

raincoat

плаш

costume

либос

dress

кўйлак

wedding dress

келин кўйлак

suit

костюм шим

nightgown

тунги кўйлак

pajamas

пижама

sari

сари

headscarf

шолрўмол

turban

салла

burka

паранжи

kaftan

чакмон

abaya

абая

swimsuit

чўмилиш костюми

trunks

турсик

shorts

шортик

tracksuit

спорт костюми

apron

фартук

gloves

кўлқоп

button

тугма

glasses

кўзойнак

bracelet

билагузук

necklace

мунчоқ

ring

узук

earring

сирға

cap

кепка

coat hanger

пальто илгак

hat

шляпа

tie

бўйинбоғ

zip

замок

helmet

дубулға

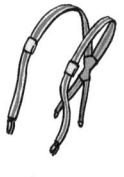

braces

шим тортгич

school uniform

мактаб формаси

uniform

форма

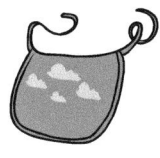

bib

ошхўрак

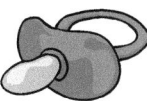

pacifier

сўрғич

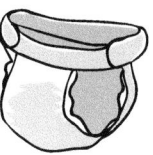

diaper

таглик

office

идора

server
сервер
filing cabinet
қоғоз-ҳужжатлар шкафи
printer
принтер
paper
қоғоз
monitor
экран
mouse
сичқонча
desk
иш столи
folder
папка
keyboard
клавиатура
waste-paper basket
урна
computer
компьютер
chair
стул

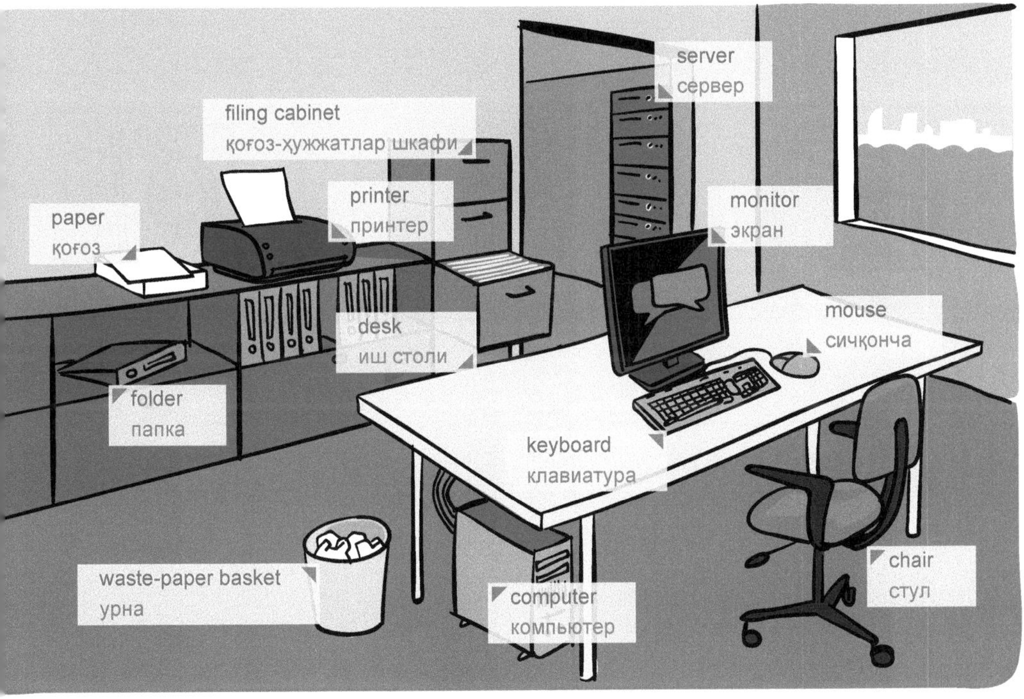

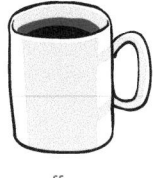

coffee mug

кофе кружкаси

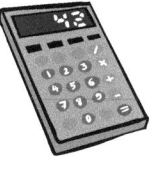

calculator

калькулятор

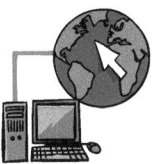

internet

интернет

laptop

ноутбук

letter

хат

message

мактуб

cell phone

уяли телефон

network

тармоқ

photocopier

нусха кўчиргич

software

дастур

telephone

телефон

plug socket

розетка

fax machine

факс

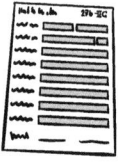

form

шакллар

document

хужжат

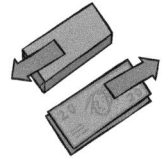

buy

харид қилмоқ

pay

тўламоқ

trade

савдолашмоқ

money

пул

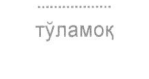

dollar

доллар

euro

евро

yen

йен

rouble

рубль

Swiss franc

швейцар франки

renminbi yuan

Кэньминьби хитой юани

rupee

рупи

cash point

банкомат

currency exchange office

пул айирбошлаш шаҳобчаси

gold

олтин

silver

кумуш

oil

нефт

energy

энергия

price

нарх

contract

шартнома

tax

солиқ

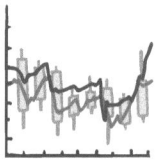

stock

акция

work

ишламоқ

employee

ишчи

employer

иш берувчи

factory

завод

shop

дўкон

police officer
полициячи

fireman
ўт ўчирувчи

cook
ошпаз

doctor
шифокор

pilot
учувчи

gardener

боғбон

carpenter

дурадгор

seamstress

тикувчи

judge

ҳакам

chemist

кимёгар

actor

актёр

bus driver

автобус ҳайдовчиси

taxi driver

такси ҳайдовчи

fisherman

балиқчи

cleaning lady

фаррош

roofer

том устаси

waiter

официант

hunter

овчи

painter

бўёқчи

baker

нонвой

electrician

электр устаси

builder

қурувчи

engineer

муҳандис

butcher

қассоб

plumber

сувчи чилангар

postman

почтачи

soldier

аскар

architect

меъмор

cashier

ғазначи

florist

гулчи

hairdresser

сартарош

conductor

чиптачи

mechanic

механик

captain

капитан

dentist

тиш шифокори

scientist

олим

rabbi

яхудийлар руҳонийси

imam

имом

monk

роҳиб

pastor

руҳоний

tools

асбоблар

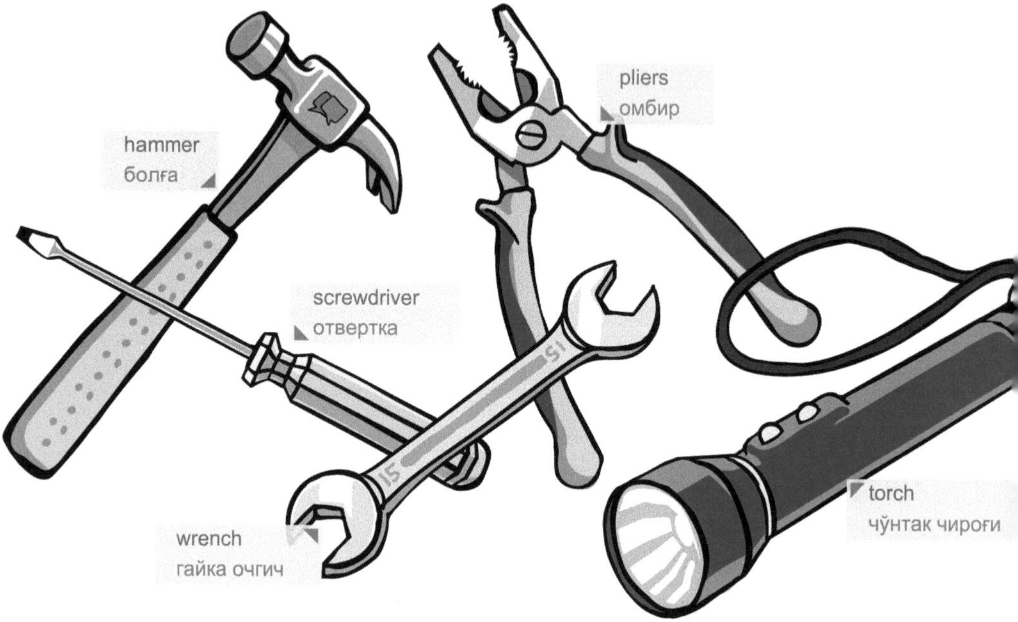
pliers
омбир
hammer
болға
screwdriver
отвертка
torch
чўнтак чироғи
wrench
гайка очгич

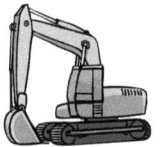

excavator

экскаватор

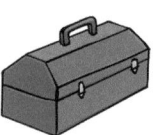

toolbox

асбоблар қутиси

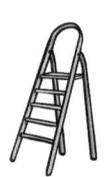

ladder

нарвон

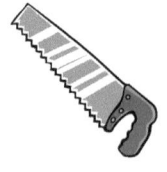

saw

қўларра

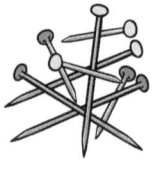

nails

мих

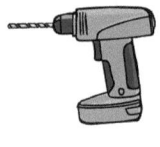

drill

пармадаста

repair

тузатмоқ

shovel

белкурак

Damn!

Жин урсин!

dustpan

хокандоз

paint can

бўёқ идиш

screws

бурама мих

musical instruments
мусиқа асбоблари

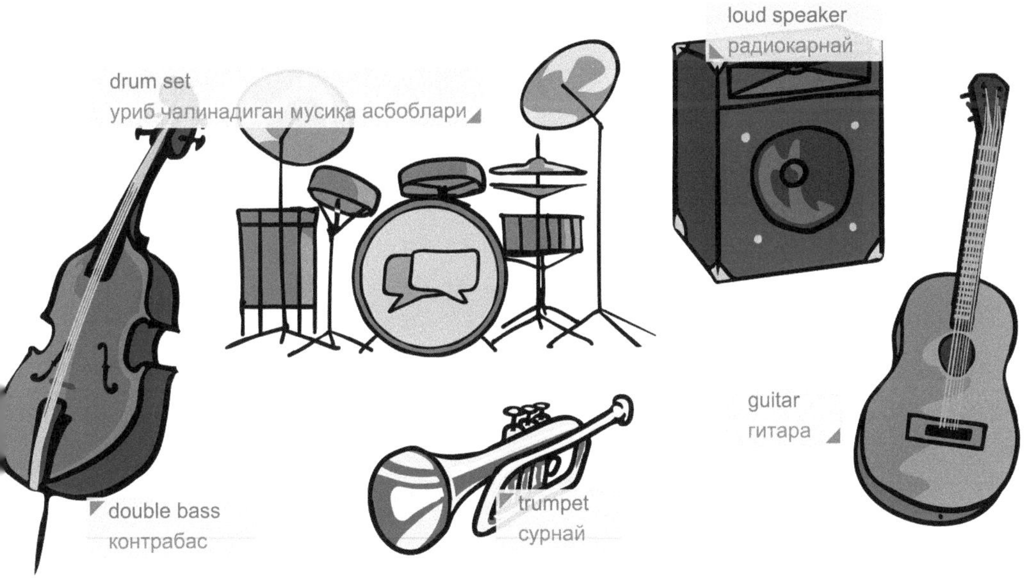

drum set
уриб чалинадиган мусиқа асбоблари

loud speaker
радиокарнай

guitar
гитара

double bass
контрабас

trumpet
сурнай

piano

пианино

violin

ғижжак

bass

бас-гитара

timpani

қўшноғора

drums

дўмбира

keyboard

клавиатура

saxophone

саксофон

flute

най

microphone

микрофон

zoo

ҳайвонот боғи

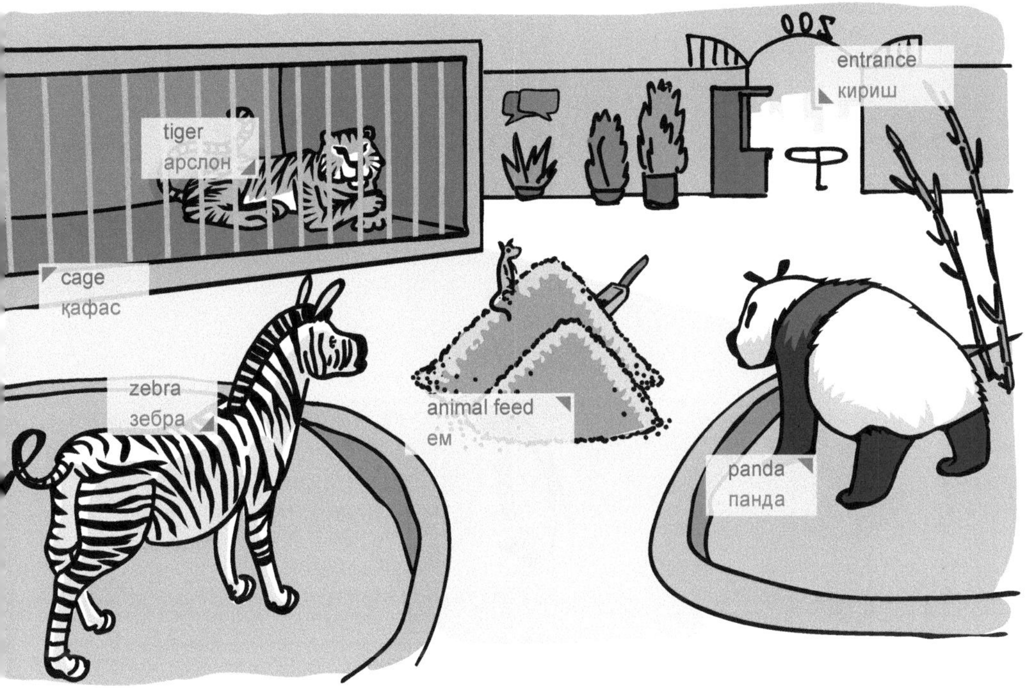
entrance
кириш
tiger
арслон
cage
қафас
zebra
зебра
animal feed
ем
panda
панда

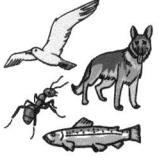

animals

ҳайвонлар

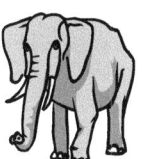

elephant

фил

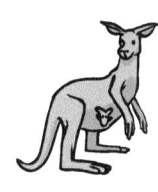

kangaroo

кенгуру

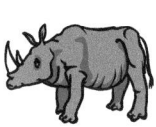

rhino

каркидон

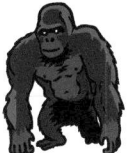

gorilla

горилла

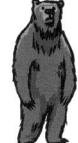

bear

айиқ

camel

туя

ostrich

туякуш

lion

шер

monkey

маймун

flamingo

фламинго

parrot

тӯти

polar bear

оқ айиқ

penguin

пингвин

shark

акула

peacock

товус

snake

илон

crocodile

тимсоҳ

zookeeper

ҳайвонот боғи қоровули

seal

тюлень

jaguar

ягуар

pony

тӯпичоқ от

leopard

қоплон

hippo

бегемот

giraffe

жирафа

eagle

бургут

boar

эркак чӯчқа

fish

балиқ

turtle

тошбақа

walrus

морж

fox

тулки

gazelle

оху

sports
спорт ўйинлари

American football
америка футболи

cycling
велосипед ҳайдаш

tennis
теннис

basketball
баскетбол

swimming
сузиш

boxing
бокс

ice hockey
муз хоккейи

soccer

футбол

badminton

бадминтон

athletics

енгил атлетика

handball

қўлтўпи

skiing

чанғи учиш

polo

поло

jump
сакрамоқ

laugh
кулмоқ

hug
қучмоқ

walk
юрмоқ

sing
куйламоқ

dream
ҳаёл қилмоқ

pray
ибодат қилмоқ

kiss
ўпмоқ

write
ёзмоқ

draw
чизмоқ

show
кўрсатмоқ

push
итармоқ

give
бермоқ

take
олмоқ

have

эга бўлмоқ

do

бажармоқ

be

бўлмоқ

stand

турмоқ

run

югурмоқ

pull

тортмоқ

throw

улоқтирмоқ

fall

йиқилмоқ

lie

алдамоқ

wait

кутмоқ

carry

ташимоқ

sit

ўтирмоқ

get dressed

кийинмоқ

sleep

ухламоқ

wake up

уйғонмоқ

look at

қарамоқ

cry

йиғламоқ

stroke

зарба бермоқ

comb

тарамоқ

talk

гаплашмоқ

understand

тушунмоқ

ask

сўрамоқ

listen

тингламоқ

drink

ичмоқ

eat

емоқ

tidy up

йиғиштирмоқ

love

севмоқ

cook

пиширмоқ

drive

ҳайдамоқ

fly

учмоқ

sail

кемада сузмоқ

calculate

ҳисобламоқ

read

ўқимоқ

learn

ўрганмоқ

work

ишламоқ

marry

турмуш қурмоқ

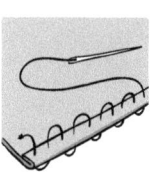

sew

тикмоқ

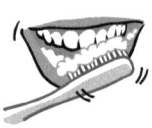

brush teeth

тиш ювмоқ

kill

ўлдирмоқ

smoke

чекмоқ

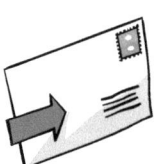

send

йўлламоқ

family
оила

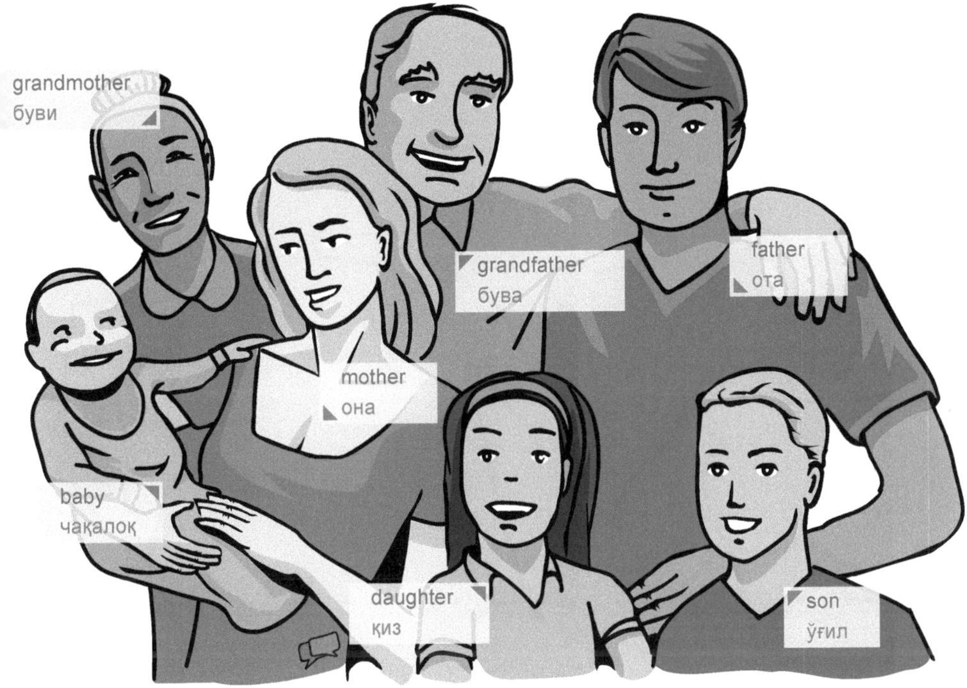
grandmother
буви
grandfather
бува
father
ота
mother
она
baby
чақалоқ
daughter
қиз
son
ўғил

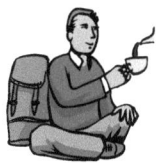

guest

меҳмон

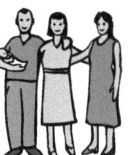

aunt

амма

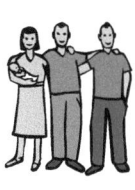

uncle

тоға

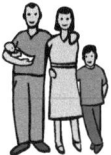

brother

ака

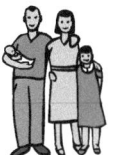

sister

опа

body
тана

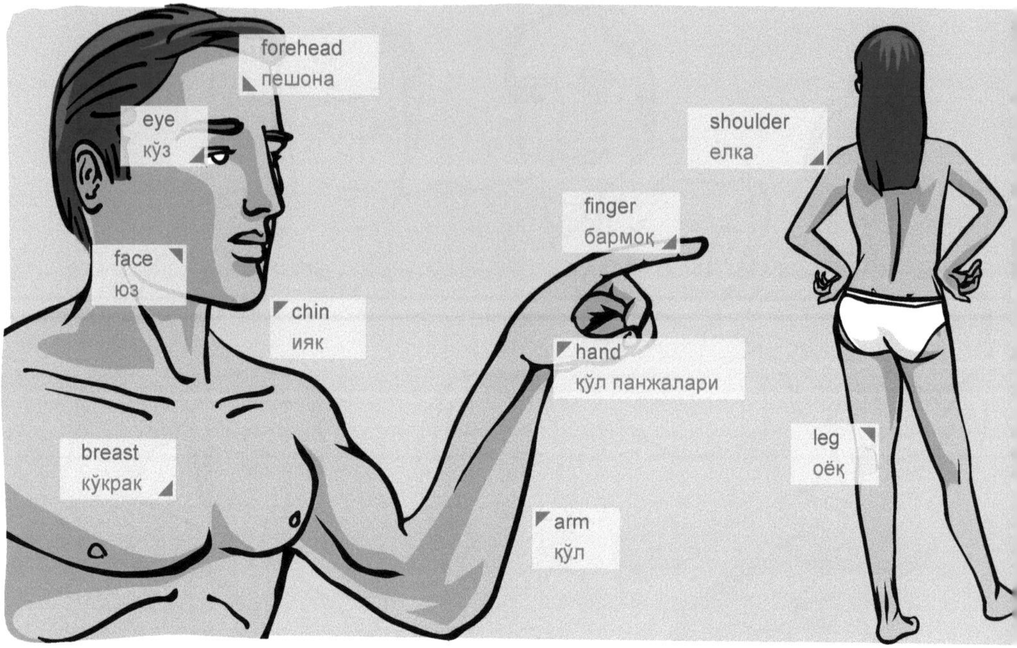

forehead
пешона

eye
кўз

shoulder
елка

finger
бармоқ

face
юз

chin
ияк

hand
қўл панжалари

breast
кўкрак

leg
оёқ

arm
қўл

baby

чақалоқ

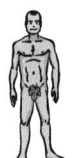

man

одам

woman

аёл

girl

қиз бола

boy

ўғил бола

head

бош

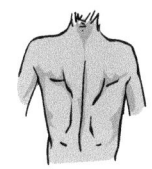

back

орқа

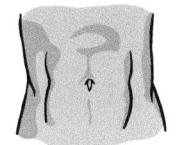

belly

қорин

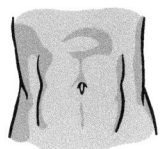

navel

киндик

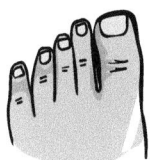

toe

оёқ панжаси

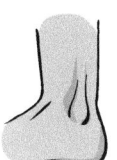

heel

товон

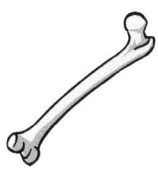

bone

суяк

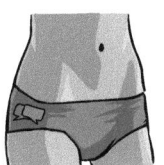

hip

бел

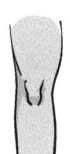

knee

тизза

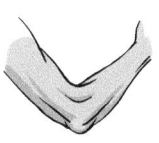

elbow

тирсак

nose

бурун

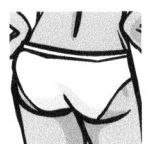

buttocks

думба

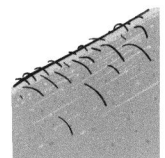

skin

тери

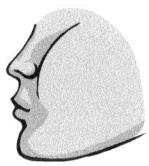

cheek

яноқ

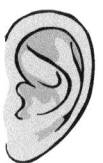

ear

қулоқ

lip

лаб

mouth

оғиз

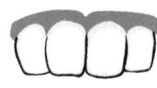

tooth

тиш

tongue

тил

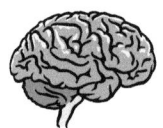

brain

мия

heart

юрак

muscle

мушак

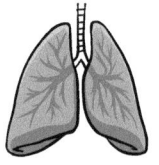

lung

ўпка

liver

жигар

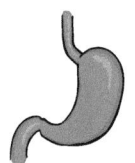

stomach

ошқозон

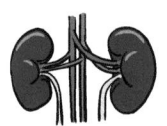

kidneys

буйрак

sex

жинсий алоқа

condom

презерватив

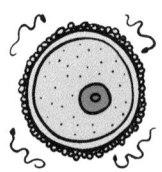

ovum

тухум ҳўжайра

semen

уруғ

pregnancy

ҳомиладорлик

body - тана

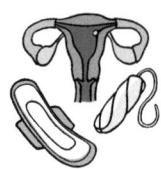

menstruation

ҳайз

vagina

бачадон

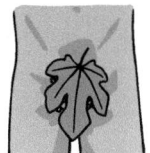

penis

олат

eyebrow

қош

hair

соч

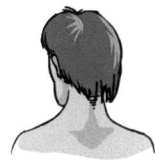

neck

бўйин

hospital
шифохона

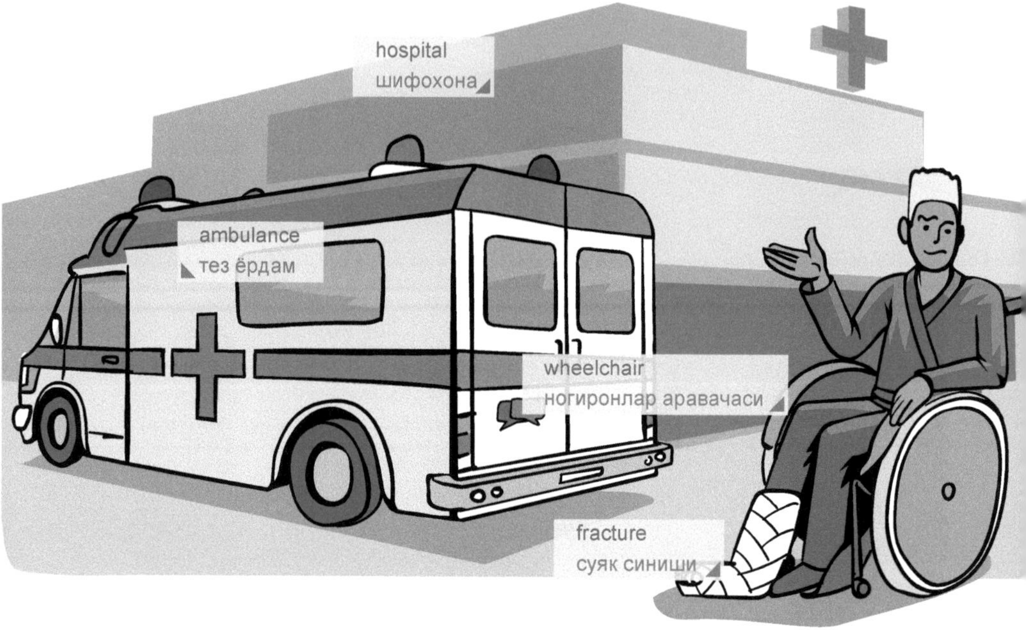

hospital
шифохона
ambulance
тез ёрдам
wheelchair
ногиронлар аравачаси
fracture
суяк синиши

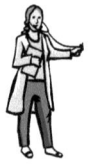

doctor

шифокор

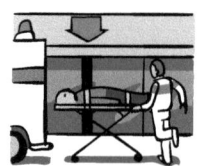

emergency room

Шошилинч тиббий ёрдам кўрсатиш бўлими

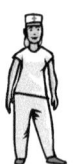

nurse

ҳамшира

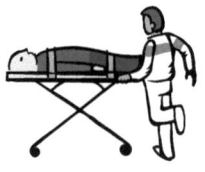

emergency

тез ёрдам

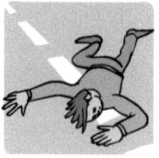

unconscious

ҳушсизлик

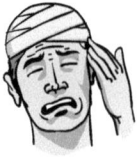

pain

оғриқ

injury

жароҳат

bleeding

қонаш

heart attack

юрак хуружи

stroke

инсульт

allergy

аллергия

cough

йўтал

fever

иситма

flu

тумов

diarrhea

ич кетиш

headache

бош оғриғи

cancer

саратон касали

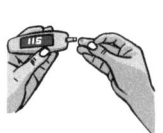

diabetes

қандли диабет

surgeon

жарроҳ

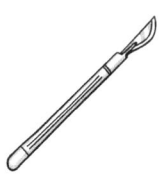

scalpel

жарроҳ пичоғи

operation

жарроҳлик амалиёти

CT

томография

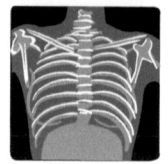

x-ray

рентген

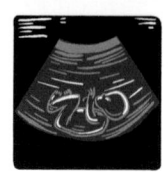

ultrasound

ултратовуш текшируви

face mask

юз ниқоби

disease

касаллик

waiting room

қабулхона

crutch

қўлтиқтаёқ

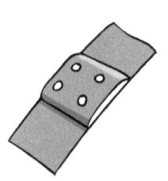

plaster

малҳамли пластир

bandage

бинт

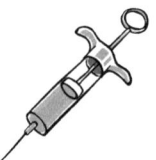

injection

укол

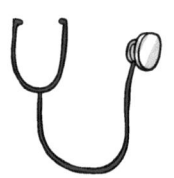

stethoscope

юрак урушини ва ўпкани
эшитиб кўрадиган асбоб

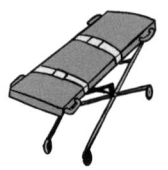

stretcher

беморлар учун замбил

clinical thermometer

термометр

birth

туғруқ

overweight

семизлик

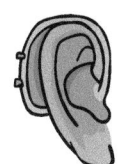

hearing aid
эшитиш мосламаси

disinfectant
дезинфекцияловчи восита

infection
инфекция

virus
вирус

HIV / AIDS
ОИВ / ОИТС

medicine
дори

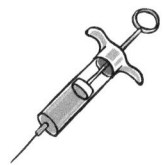

vaccination
эмлаш

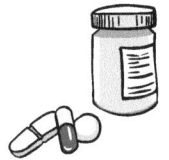

tablets
таблетка

pill
дори

emergency call
тез ёрдам қўнғироғи

blood pressure monitor
қон босимини ўлчаш
асбоби

ill / healthy
касал / соғлом

Help!	alarm	assault
Ёрдам берfrom!...		

Help!
Ёрдам беринглар!

alarm
хавф-хатар ишораси

assault
тажовуз

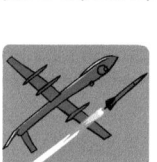

attack
ҳужум

danger
хавф

emergency exit
фавкулодда ҳолатларда
чиқиш эшиги

Fire!
Ёнғин!

fire extinguisher
ўт ўчиргич

accident
фалокат

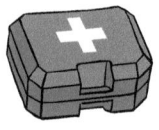

first-aid kit
биринчи тиббий ёрдам
тўплами

SOS
фалокат сигнали

police
полиция

Europe

Европа

North America

Шимолий Америка

South America

Жанубий Америка

Africa

Африка

Asia

Осиё

Australia

Австралия

Atlantic

Атлантик океани

Pacific

Тинч океани

Indian Ocean

Ҳинд океани

Antarctic Ocean

Антарктида океани

Arctic Ocean

Арктика океани

North pole

Шимолий қутб

South pole

Жанубий қутб

Antarctica

Антарктика

earth

Ер

land

ўлка

sea

денгиз

island

орол

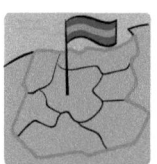

nation

миллат

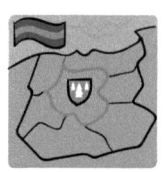

state

давлат

clock face

астрономик вақт
кўрсатгичи

hour hand

соат мили

minute hand

дақиқа мили

second hand

сония мили

What time is it?

Соат неча?

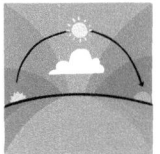

day

кун

time

вақт

now

ҳозир

digital watch

рақамли соат

minute

дақиқа

hour

соат

week

хафта

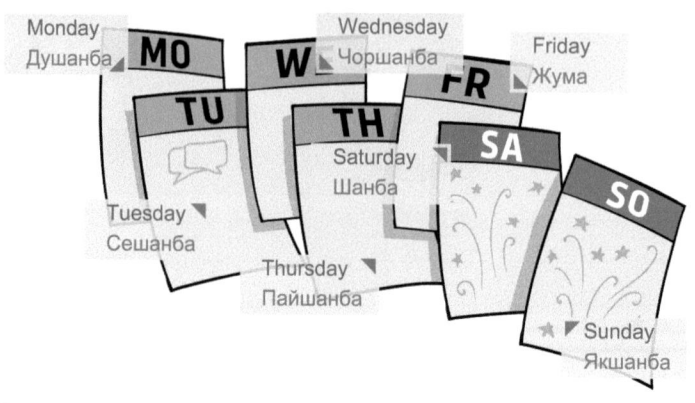

Monday / Душанба
Tuesday / Сешанба
Wednesday / Чоршанба
Thursday / Пайшанба
Friday / Жума
Saturday / Шанба
Sunday / Якшанба

yesterday

кеча

today

бугун

tomorrow

эртага

morning

эрталаб

noon

пешин

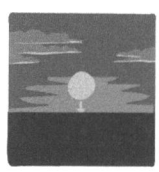

evening

кечкурун

workdays

иш кунлари

weekend

дам олиш кунлари

rain
ёмғир

rainbow
камалак

wind
шамол генератори

snow
қор

spring
баҳор

fall
куз

summer
ёз

winter
қиш

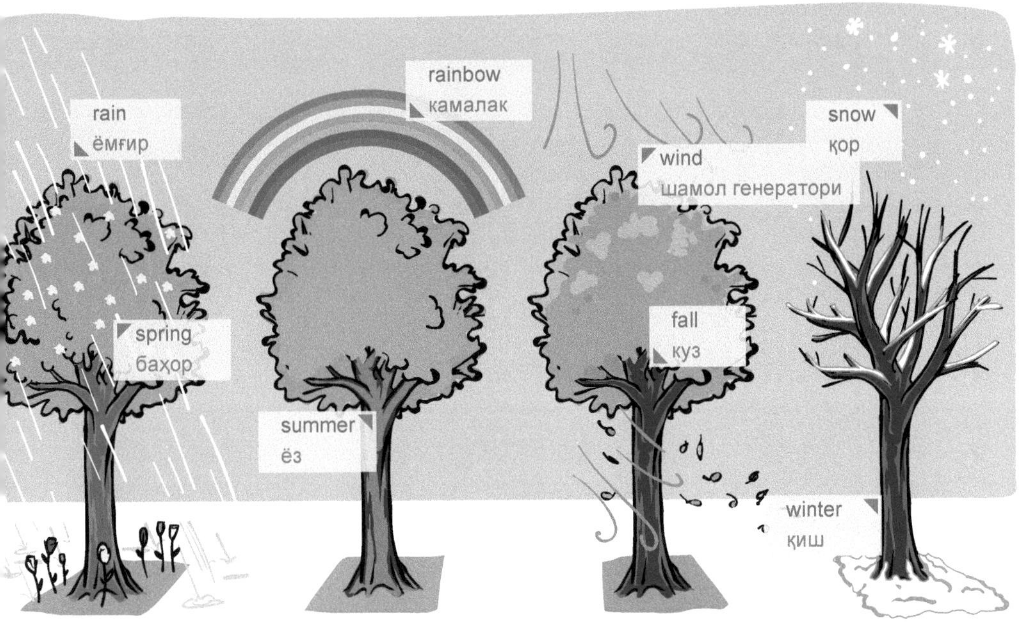

weather forecast

об-ҳаво маълумоти

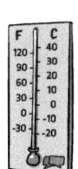

thermometer

термометр

sunshine

қуёшли

cloud

булут

fog

туман

humidity

намгарчилик

lightning

чақмоқ

thunder

момоқалдироқ

storm

бўрон

hail

дўл

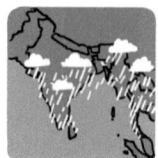

monsoon

намгарчилик мавсуми

flood

тошқин

ice

муз

January

Январь

February

Февраль

March

Март

April

Апрель

May

Май

June

Июнь

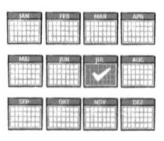

July

Июль

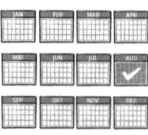

August

Август

year - йил

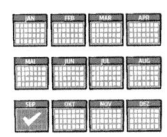

September
....
Сентябрь

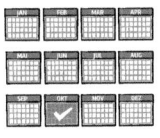

October
....
Октябрь

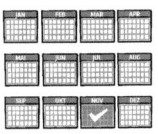

November
....
Ноябрь

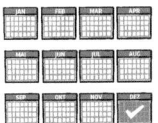

December
....
Декабрь

shapes
шакллар

circle
....
айлана

square
....
квадрат

rectangle
....
тўртбурчак

triangle
....
учбурчак

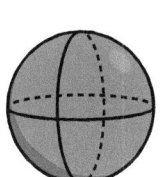

sphere
....
доира

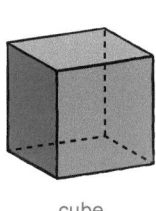

cube
....
куб

white

оқ

yellow

сариқ

orange

сабзи ранг

pink

пушти

red

қизил

purple

тўқ қизил

blue

кўк

green

яшил

brown

жигар ранг

gray

кул ранг

black

қора

a lot / a little

кўп / оз

angry / calm

ғазабли / хотиржам

beautiful / ugly

гўзал / хунук

beginning / end

боши / охири

big / small

катта / кичик

bright / dark

ёруғ / қоронғу

brother / sister

ака / сингил

clean / dirty

тоза / ифлос

complete / incomplete

тўлиқ / чала

day / night

кун / тун

dead / alive

ўлик / тирик

wide / narrow

кенг / тор

edible / inedible

еса бўладиган / еса бўлмайдиган

evil / kind

ёвуз / хайрли

excited / bored

ҳаяжонли / зерикарли

fat / thin

семиз / озғин

first / last

биринчи / охирги

friend / enemy

дўст / душман

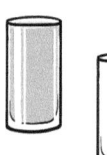

full / empty

тўла / бўш

hard / soft

қаттиқ / юмшоқ

heavy / light

оғир / енгил

hunger / thirst

очлик / чанқов

ill / healthy

касал / соғлом

illegal / legal

ноқонуний / қонуний

intelligent / stupid

зиёли / калтафаҳм

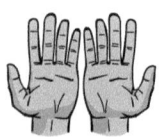

left / right

чап / ўнг

near / far

яқин / узоқ

new / used
янги / ишлатилган

nothing / something
ҳеч нарса / бир нарса

old / young
қари / ёш

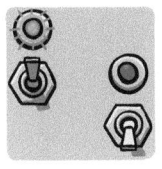

on / off
ёниқ / ўчиқ

open / closed
очиқ / ёпиқ

quiet / loud
паст / баланд

rich / poor
бой / камбағал

right / wrong
тўғри / нотўғри

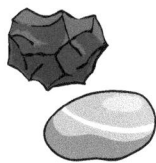

rough / smooth
нотекис / текис

sad / happy
хафа / хурсанд

short / long
қисқа / узун

slow / fast
секин / тез

wet / dry
нам / қуруқ

warm / cool
илиқ / салқин

war / peace
уруш / тинчлик

numbers

0	**1**	**2**
zero	one	two
ноль	бир	икки

3	**4**	**5**
three	four	five
уч	тўрт	беш

6	**7**	**8**
six	seven	eight
олти	етти	саккиз

9	**10**	**11**
nine	ten	eleven
тўққиз	ўн	ўн бир

12

twelve

ўн икки

13

thirteen

ўн уч

14

fourteen

ўн тўрт

15

fifteen

ўн беш

16

sixteen

ўн олти

17

seventeen

ўн етти

18

eighteen

ўн саккиз

19

nineteen

ўн тўққиз

20

twenty

йигирма

100

hundred

юз

1.000

thousand

минг

1.000.000

million

миллион

English

Инглиз

American English

Америкача инглиз тили

Chinese Mandarin

Хитой тилининг Мандарин
лаҳчаси

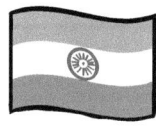

Hindi

Ҳинд

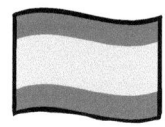

Spanish

Испан

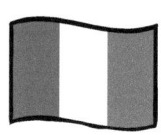

French

Француз

Arabic

Араб

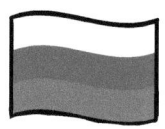

Russian

Рус

Portuguese

Португал

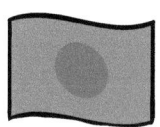

Bengali

Бенгал

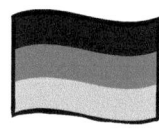

German

Немис

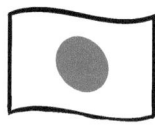

Japanese

Япон

I

Мен

you

Сен

he / she / it

у / у / у

we

биз

you

сизлар

they

улар

who?

ким?

what?

нима?

how?

қандай?

where?

қаерда?

when?

қачон?

name

исм

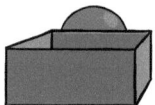

behind

орқада

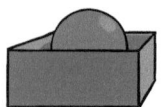

in

ичида

in front of

олдида

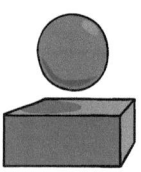

over

узра

on

устида

under

тагида

beside

ёнида

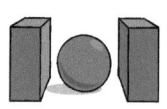

between

ўртасида

place

жой